मोड़

मोड़

डॉ. प्रमोद जैन

ग्रंथ अकादमी, नई दिल्ली

प्रकाशक : ग्रंथ अकादमी,
भवन संख्या–19, पहली मंजिल, 2, अंसारी रोड, दरियागंज, नई दिल्ली–110002
 / संस्करण : प्रथम, 2022 / मूल्य : दो सौ पचास रुपए
मुद्रक : आर–टेक ऑफसेट प्रिंटर्स, दिल्ली ISBN 978-93-92013-02-7

MORH *poems* by Dr. Pramod Jain ₹ 250.00
Published by GRANTH AKADEMI, Building No. 19, First Floor
2, Ansari Road, Daryaganj, New Delhi-110002

श्रेष्ठ गुरु, आदर्श कवि एवं अद्‌भुत प्रतिमाशिल्पी
डॉ. प्रणय
को सादर समर्पित

प्रस्तावना

प्रमोद जैन पेशे से चिकित्सक हैं। चिकित्सक होते हुए भी उन्होंने एक कलाकार का दिल पाया है। वैसे भी कवि और डॉक्टर में बहुत ज़्यादा अंतर नहीं होता। दोनों के मूल में मानवता होती है। इसलिए प्रमोद जैन का कवि हृदय गहरी संवेदनशीलता के कारण वैविध्यपूर्ण जीवन से कविता की अंतर्वस्तु खोज लेता है। उनके इस कविता-संग्रह की कविताएँ मनुष्य के जीवन की सत्यकथा के अनेक मोड़ों और रंगों को उकेरती हैं।

जीवन की तेज़ रफ़्तार में भागती-दौड़ती ज़िंदगी में बहुत कुछ छूट रहा है। बहुत कुछ संगत नहीं प्रतीत हो रहा। बहुत कुछ मन को मथ रहा है, बेचैन कर रहा है, हमारा सुख-चैन हर रहा है। उन्होंने अपनी खुली आँखों और जाग्रत् चेतना से जीवन की वैविध्यमय स्थितियों में जीवन की जिन जटिलताओं और विडंबनाओं को देखा है, उनके संवेदनशील मन ने संबंधों के छीजते चले जाने की जिस मर्मांतक पीड़ा को महसूस किया, उसे संग्रह की कविताओं में अभिव्यक्ति दी है। मन की अनेक परतों के साथ चेतना और चैतन्य के अनेक बिंब जीवनानुभवों से निकलकर कविता की अंतर्वस्तु बने हैं। आशा-निराशा, घात-प्रतिघात, हर्ष-विषाद की विभिन्न मन:स्थितियाँ कविता के ताने-बाने में पिरोई गई हैं।

प्रमोद जैन की कविताएँ मनुष्य विरोधी स्थितियों और वास्तविकताओं पर भावात्मक प्रतिक्रियाओं का प्रति संसार रचती हैं। ज़िंदगी से सीखे गए सबक़ और जीवन जीने के सूत्र भी इन कविताओं में ढूँढ़े जा सकते हैं। हम कैसे जी रहे हैं और हमें किस तरह जीना चाहिए, दोनों ही कवि के सरोकार का हिस्सा

हैं। कवि की चिंता मनुष्य की भव्यता और दिव्यता को बचाने की है, उजाले की सत्यता को बचाने की है, जीवन की उत्सवधर्मिता में प्रकृति और मनुष्य को सहचर बनाने की है।

इसे पढ़ने का सुखद अनुभव यह रहा है कि इन कविताओं को समझने के लिए अतिरिक्त मानसिक श्रम की ज़रूरत नहीं पड़ती, क्योंकि ये सहज-सरल शब्दावली और शैली में लिखी गई हैं। इसलिए रचनाकार की भावनाओं के अविरल प्रवाह में पाठक अपनी सहमति दर्ज करते हुए अंत तक साथ चल सकता है।

यह कृति और रचनाकार की सोच मुझे आश्वस्त करती है कि प्रमोद जैन चिकित्सक और रचनाकार दोनों ही भूमिकाओं में मनुष्य और मनुष्यत्व को बचाए रखने का धर्म निभाते रहेंगे।

शुभकामनाओं के साथ,

—प्रो. कुमुद शर्मा
हिंदी विभाग, दिल्ली विश्वविद्यालय
निदेशक, हिंदी माध्यम कार्यान्वयन निदेशालय,
दिल्ली

आत्मकथ्य

ज़िंदगी के अपने स्वाभाविक मोड़ हैं। जिन रास्तों पर वह चलती है, उनके अपने मोड़ हैं। जो ज़िंदगी जी रहा है, उसके भी मोड़ हैं। हर मोड़ अपने साथ नए दृश्य, परिस्थिति, अनुभव लाता है, नई सीख देता है। अधिकतर हमें मोड़ों का पता तभी चलता है, जब हम किसी मोड़ पर फिसल जाते हैं। सिर्फ़ एक मोड़ को छोड़कर सभी मोड़ यात्रा के हिस्से हैं। जब हम अपनी तरफ़ मुड़ते हैं तो यह ठहराव की ओर ले जाता है। ओशो ने मुझे इस मोड़ से परिचित कराया। मैं उनके प्रति अहोभाव से भरा हूँ। जिन-जिन मोड़ों से मेरा सामना हुआ है या जहाँ पर मैं फिसल गया हूँ, उन मोड़ों को मैंने प्रस्तुत संग्रह में लिपिबद्ध किया है। इस काव्य-संग्रह के मोड़ पर मेरा हाथ थामनेवाले श्री कामदशरण मालवीय, श्री दीक्षित दनकौरी, प्रो. श्रीमती कुमुद शर्मा, डॉ. संजय वर्मा एवं इस मोड़ पर साथ निभानेवाले डॉ. सुधाकर द्विवेदी, कन्हैया घंसानी एवं सुभाष चंद्र पटेल के प्रति मैं कृतज्ञ हूँ। माँ ताराबाई, पत्नी मधु, बच्चे पलक-बोध के मूक सहयोग के लिए भी अनुगृहीत हूँ।

—डॉ. प्रमोद जैन

1

बोलने की कला है,
ना बोलने की कला,
ना बोलना आ गया,
तो बोलना आ गया।

2

जीवन होता नाटक,
काम करते कहानी,
बखान करते कविता,
लोग होते हैं व्यंग्य।

3

कम तौलने वाला
कहीं अपने को तो
कम नहीं तौल रहा?

4

हर जंगल में सीधे पेड़ काट दिए जाते हैं,
और आड़े व टेढ़े पेड़ छोड़ दिए जाते हैं,
यों सीधे होने में छले जाने का डर तो है,
पर नभ पाना है तो सीधा होना ज़रूरी है।

5

निसर्ग में जहाँ-जहाँ जल रहा,
वहाँ सभ्यता का विकास हुआ,
जहाँ सभ्यता का विकास हुआ,
वहाँ-वहाँ अब निसर्ग जल रहा।

6

चुनौती है खजूर का पेड़,
बस उन रस-प्रेमियों के लिए,
छाया जिनका उद्देश्य नहीं,
गिरे फल जिन्हें नामंज़ूर।

7

घास का पौधा छोटा नहीं है,
उतना है जितना होना चाहिए,
बरगद का पेड़ विशाल नहीं है,
उतना है जितना होना चाहिए,
सब होने से तनिक छोटे न बड़े,
उतने हैं जितने होना चाहिए।

8

हमारे प्रतीक गढ़े हुए हैं,
हमारे रूपक माने हुए हैं,
हमारी उपमाएँ कृत्रिम हैं,
अस्तित्व तो अपनी समग्रता में
अप्रतिम, अनुपम व अतुलनीय है,
केवल है, एक है, बेजोड़ है।

9

सबके अंदर उबल रहा लावा,
किंतु ज्वालामुखी सा फटने की,
स्वतंत्रता सभी को नसीब नहीं।

10

मरने की फ़ुरसत नहीं जिसे,
क्या वो जी रहा?
ज़िंदगी के प्याले को
बग़ैर स्वाद पी रहा।

11

हर शब्द का मूल्य है,
मिलेगा कि चुकाओगे,
उपयोग पर निर्भर है,
शब्देतर मौन का भी।

12

आईना दुश्मन है,
अक्स उभारता है,
दुश्मन आईना है,
शख़्स उभारता है।

13

प्रेम–मोह–प्रतिघात में
गुलूबंध और गुलूफंद
सा मामूली फ़र्क़ है।

14

हैरान हूँ देखकर कि
कपिरूपी रोबोट से
बंदर जीवित सा करें,
और मनुष्य मनुष्य से
रोबोट सा व्यवहार।

15

सागर के उस पार जाने के लिए,
बस इस तट की पकड़ छोड़नी होगी,
किनारा छोड़ नहीं सकते हैं, क्योंकि
दो किनारे से कम हो नहीं सकते।

16

जब किसी दूसरे के लिए
हम दरवाज़ा खोलते हैं तो
हमारे लिए भी खुलता है
दरवाज़ा दूसरी तरफ़ से।

17

देखो मूल्यों के मूल्यों में
आज कैसा अंतर आया है,
बहुमूल्यहोकरझुकगएकुछ,
अवमूल्यों ने सिर उठाया है।

18

काम तमाम कर सकता हूँ
यह कैंसर बोला अहं से,
मैं एक पल में मनुष्य का,
अहं ने हँसते हुए कहा—
बस! मैं सारे मनुष्यों का।

19

संग काम करते-करते
यंत्र आदमी न बने,
पर आदमी यंत्र हो गए।

20

सृष्टा के रोबोट से
मनुष्य कम है न ज़्यादा,
स्वचालित है अतः कम न,
दम निर्भर सो ज़्यादा न।

21

पूछा टूटती चट्टान ने,
तोड़ने वाले से—क्या मुझे,
यों टूटता देख तुम्हारे,
अंदर कुछ भी नहीं टूटता?

22

कटता पेड़ हँसकर यह
लकड़हारे से बोला—
तना मेरा काट रहे,
परंतु जड़ें तो अपनी।

23

दुःख जताते मैंने गधे से कहा—
गधों की संख्या कम हो रही है,
सुन उसने मुसकराते हुए कहा—
हमारी संख्या ज़रूर घट रही,
किंतु गधों की तो नित बढ़ रही है।

24

रेलवे कंप्यूटर एक समूह के सदस्यों को
दूर-दूर सीट आवंटित कर रहा है, जिससे
अजनबी मिलें और निवेदन की भाषा बोलें।

25

काम के बाद आराम,
काम ख़त्म होता नहीं,
आराम के बाद काम,
मन राज़ी होता नहीं,
जभी आराम से काम,
आराम और काम भी।

26

जब इतना घट जाएगा पानी,
सिर ऊपर हो जाएगा पानी,
तभी मनुज का उतरेगा पानी।

27

खड़े हो चलने की प्रक्रिया में
घुटनों के बल चल सकते हैं,
पर, यह निश्चित नहीं कि घुटनों से
चलते हैं तो खड़े हो चलेंगे ही।

28

शीतल व ताज़ी हवा हेतु
दो तरफ़ से खुला चाहिए
कक्ष, नज़र औ' नज़रिया से।

29

दीया तले भी
उजियारा कैसे हो?
लौ ध्यान दे।

30

संसार में ही
सार छुपा देख ले,
पढ़ ग़ौर से।

31

बोलती लहरें पानी तट तक ला पाती हैं,
मूक हवाएँ पूरी पृथ्वी घुमा लाती हैं,
हम सिर्फ़ बोलनेवालों पर कान देते हैं,
मौन कर्तव्यनिष्ठ पर कहाँ ध्यान देते हैं।

32

जिस घर में रहता ना कोई आता-जाता,
सूना, खाली घर, फिर घर कैसे है रहता?
बिखरती है जुड़ाई, उखड़ता रंग-रोगन,
कुरेदती बेचैनी, काटता अकेलापन,
घर बस यही चाहे, उसमें भी रहे कोई,
चले आना-जाना, उसमें भी बहे कोई।

33

तोड़ रहा पहाड़ों को,
काट रहा किनारों को,
छाँट रहा भू आवरण,
कर रहा वन चीरहरण,
मनुष्य अंधा हो रहा,
ख़ुद ही नंगा हो रहा।

34

काल्पनिक कहानियों में जितने अधिक रंग, मोड़ होते हैं,
हम उसको देख, सुन, पढ़कर उतने ही अधिक ख़ुश होते हैं।
मनुष्य की सत्य कथा में प्रभु ने अति रंग, मोड़ डाले हैं,
कुपात्र कौन होते, हम कैसे शिकायत करनेवाले हैं?

35

रखता है सबकी ख़बर, परंतु ख़ुद की ख़बर नहीं,
सबका भविष्य लिखता है, मगर अपना पता नहीं।
हिंसा–झूठ बहुत हैं, प्रेम–सहयोग बिल्कुल नहीं,
जो सुना बता दिया, स्वयं की बात जानता नहीं।
अनेक चेहरे इसमें, पर ख़ुद का चेहरा नहीं,
क्या कहूँ आदमी का हाल, अख़बार से कम नहीं।

36

माटी की गुड़िया से पूछा गुड़िया ने—
'मुझे सुनती हो, बस मुझसे ही बोलती?'
'भाव से जिऊँ', माटी की गुड़िया बोली,
'सो तुम्हें सुनती हूँ, तुमसे ही बोलती।'

37

आँतों के जीव जब उसे करते बीमार,
वमन-विरेचन उसका है यांत्रिक उपचार।
इस पृथ्वी को जब करेंगे मनुज बीमार,
क्या होगा उनका हश्र, तनिक करो विचार।

38

पथ! क्या तुमको नहीं लगती शर्म
कि सब तुम्हें पैरों से दलते हैं?
पैर नीचे है, नीच नहीं, गर्व,
सबको मंज़िल पर ले चलते हैं।

39

थपेड़ों ने गोल कर दिया,
पत्थर तो नुकीला था।
दबावों ने समतल कर दिया,
मार्ग तो चुटीला था।
धार ने बेख़ार कर दिया,
पौधा तो कँटीला था।
समय ने विनम्र कर दिया,
मन तो बड़ा हठीला था।
ज़िंदगी ने सुखा दिया मेरा,
मैं तो पनीला था।

40

कुसुम स्वीकारो,
बीज निखारो।
सर्व स्वीकारो,
स्वयं निखारो।
काल स्वीकारो,
आज निखारो।
लेन स्वीकारो,
देन निखारो।
हाल स्वीकारो,
चाल निखारो।
अचल स्वीकारो,
बदल निखारो।

41

अनियत
की नियतता,
यम
की जीवंतता,
योग्य
की अयोग्यता,
अनित्य
की नित्यता,
शून्य
की पूर्णता।

42

जीव,
तुम्हारे माध्यम से जागता है,
तुम भी जाग सकते हो।
भोग,
तुम्हारे माध्यम से भोगता है,
तुम भी भोग सकते हो।
बोध,
तुम्हारे माध्यम से जानता है,
तुम भी जान सकते हो।
प्रेम,
तुम्हारे माध्यम से फैलता है,
तुम भी फैल सकते हो।
परम,
तुम्हारे माध्यम से खेलता है,
तुम भी खेल सकते हो।

43

फूल,
पँखुड़ी की
कई परतें हैं।
धरती,
मिट्टी की
कई परतें हैं।
मनुष्य,
मानस की
कई परतें हैं।
जगत्,
चेतना की
कई परतें हैं।
परम,
चैतन्य की
कई परतें हैं।

44

ताज,
कई कोण,
अलग-अलग वर्णन।
चाँद,
कई कोण,
अलग-अलग वर्णन।
मनुज,
कई कोण,
अलग-अलग वर्णन।
धर्म,
कई कोण,
अलग-अलग वर्णन।
एक,
कई कोण,
अलग-अलग वर्णन।

45

शै महत्त्वपूर्ण
या विज्ञापन ?
नीयत महत्त्वपूर्ण,
या ज्ञापन ?
कारज महत्त्वपूर्ण,
या बातन ?
सीरत महत्त्वपूर्ण,
या आनन ?
यात्रा महत्त्वपूर्ण,
या साधन ?

46

प्यासे को पानी चाहिए,
प्याली हो न हो।
भूखे को भोजन चाहिए,
थाली हो न हो।
उपवन को पौधे चाहिए,
माली हो न हो।
निर्वस्त्र को वस्त्र चाहिए,
आली हो न हो।
मृत्युदेव को तुम चाहिए,
ख़ाली हो न हो।

47

पौधा पानी में पड़ा रहे,
तो उजड़ जाता है।
रस्ता पानी में पड़ा रहे,
तो उखड़ जाता है।
लोहा पानी में पड़ा रहे,
तो बिगड़ जाता है।
चमड़ा पानी में पड़ा रहे,
तो सिकुड़ जाता है।
मनुष्य पानी में पड़ा रहे,
तो अकड़ जाता है।

48

धन होना व धनी होना,
दो अलग बातें हैं।
दु:ख होना व दु:खी होना,
दो अलग बातें हैं।
सुख होना व सुखी होना,
दो अलग बातें हैं।
बुद्धि होना व बुद्ध होना,
दो अलग बातें हैं।
जीवित होना व जीवंत होना,
दो अलग बातें हैं।

49

प्रसून विज्ञापन नहीं करता खिलने का,
ख़ुशबू ही उसके खिलने की ख़बर है,
फल भी विज्ञापन नहीं करता फलने का,
रंगत ही उसके फलने की ख़बर है,
सूरज विज्ञापन नहीं करता उगने का,
किरणें ही उसके उगने की ख़बर है,
नदियाँ विज्ञापन नहीं करतीं बहने का,
यह गति ही उसके बहने की ख़बर है,
ईश्वर विज्ञापन नहीं करता होने का,
जीवन ही उसके होने की ख़बर है।

50

पहले एक बात पर गुस्सा आया,
फिर गुस्सा आने पर गुस्सा आया,
फिर-फिर उसी बात पर गुस्सा आया,
बार-बार गुस्सा पर गुस्सा आया,
गुस्सा बेचैनी, चिड़चिड़ापन बना,
फिर दूसरी बातों पर ताव आया,
फिर पश्चात्ताप, प्रायश्चित, प्रण बना,
फिर से उसी बात पर गुस्सा आया।

51

जो पाना था उससे,
जो पाया है,
क्या उससे वह पाया,
जो पाना था ?

52

हीर के भ्रम में
ओस उठा रहे,
कैसे चमक से
धोखा खा रहे।

53

कितनी नदियाँ-मेघ जहाँ से
कितना मीठा जल लाते हैं,
किंतु विराट् भाव के कारण
समुद्र खारे रह जाते हैं।

54

उपयोगी, अनुपयोगी, ख़राब,
बासे, ठंडे रिश्तों से भरा,
विराट् आकाश हो सकता था,
बस फ्रिज बनकर रह गया हृदय।

55

आता आकार,
उठता निराकार,
जीवन नीर।

56

शहर में बाढ़ कुछ नहीं,
यह वह पानी है,
जो पिछले साल यहाँ
जंगल से मिला था।

57

यह सोचनेवालों कि कब
ऊँट पहाड़ के नीचे आएगा,
यह जान लो कि कभी-कभी
ऊँट पहाड़ भी चढ़ जाता है।

58

वे ही नभ नहीं छू पाते,
जो उड़ते तो ज़्यादा हैं,
परंतु पंख नहीं खोलते।

59

बाहर के जानवर बाँध
जंगल बस्ती बनाएँ,
भीतर के जानवर खोल
बस्ती जंगल बनाएँ।

60

मारते हो तो चोट बन जाते,
रखते हो तो बोझ बन जाते,
माँजते तो अनमोल बन जाते,
पत्थर भी, ये कठोर शब्द भी।

61

चुप–मगन बहुत काम करता है,
किसी पर नहीं कान धरता है,
बोझ की न शिकायत करता है,
बताओ, वह गधा कि समझदार?

62

रास्ते चौड़े पर,
मनुष्य रहे टकरा,
क्योंकि निकट दृष्टि है,
और नज़रिया सँकरा।

63

दरवाज़े तो चौखट के
बस, सम कि लंब होते हैं,
बंद अथवा खुला होना
हमारी अवधारणा है।

64

जो सब हमें पता है,
उसे हम सब मान लेते,
हमें यह नहीं पता कि
हमें क्या नहीं पता है।

65

तन–मन, दोनों को मथता है,
परिस्थिति चाक पर धरता है,
सृष्टा अंदर–बाहर थपता है,
तब ही एक पात्र बनता है।

66

मनुज एकदम से कभी नहीं मरता,
पहले आशा, अपेक्षा, भ्रम टूटता,
फिर अपने पहचान वाले छूटते,
तन छोड़ने लगता, रस–धन छूटते,
एक दिन दम बंधन टूट जाता है,
पखेरू पिंजर से छूट जाता है।

67

नहीं किसी काम का,
जगत् में जो ज़्यादा,
अकसर वही ज़्यादा,
सबके काम आता।

68

अधिकतर जब भी बोलते हैं,
समस्या का मुँह खोलते हैं।

69

पानी की कमी,
मन, कैक्टस में
लाती है काँटे।

70

मन विक्रम, अतीत बैताल को
जैसे ही उत्तर देता है,
जीने का अवसर देता है।

71

खाने के और,
दिखाने के और
दाँत हाथी के,
और मनुज के भी।

72

पा गरमी हो गरम नहीं,
खाकर चोट टूटे नहीं
परिपक्व हीरा आदमी।

73

मलिन, चेतन साबुन जल मन में भिगोते हैं,
फिर हृदय ब्रश से रगड़-रगड़कर धोते हैं,
फिर चैतन्य निरंजन जल में खँगालते हैं,
श्रम से निचोड़ के साबुन जल निकालते हैं,
आकाश सा फिर फैलाते प्रेमल धूप में,
तब ही मन-अंबर आता अपने स्वरूप में।

74

जब सब उठते हैं,
तब सब उठते हैं,
पर कब उठते हैं ?

75

कोई उच्चतर लक्ष्य के लिए
जब दो पैरों पर उठा होगा,
बाकी चौपाए हँसे होंगे,
आज भी जब कोई उठता तो
उस पर हँसते शेष चौपाए।

76

हर ताले की एक तय ताली होती है,
अनेक हो सकती हैं, किंतु सब नहीं,
हर करनी की एक तय ताली होगी ही,
अनेक हो सकती हैं, किंतु सब नहीं।

77

तन में चोट लगती, ख़ून बहता,
बर्फ से बंद होता, फिर बह सकता,
मन में चोट लगती, बर्फ जमती,
ख़ून नहीं बहता, तुरंत, न बाद में।

78

पूर्ण निश्चित होना चाहते
सदा आनेवाले फल के प्रति,
जबकि निश्चित नहीं हो सकते
जो फल हाथ में है उसके प्रति।

79

अस्तित्व में सब है
पहले से ही तय,
इस बात से तय कि
तुम क्या करते तय!

80

जिसमें सहज सब,
लघुता समाए,
बड़ा कहलाए।

81

मनस की भूल-भुलैया में जड़ शब्द,
बस गूँजते, घूमते रह जाते हैं,
जीवंत घटना ढाँचा तोड़ देती,
आचरण के रास्ते खुल जाते हैं।

82

पितु-सुत के खेल-होड़ में,
जानबूझ हारती प्रीत,
जितना निसर्ग दे जीतने,
उतना मनुष्य रहा जीत।

83

मन खाँचा वही पकड़ता है,
जो दृश्य उसमें समाता है,
दृश्य बाह्य जगत् की ख़बर कम,
मन व मनुष्य की ज़्यादा है।

84

आदतन बोली की बजाय,
अगर गुण पर ध्यान रखेंगे,
तब कुत्ता गाली रहेगा?

85

माँ-बाप के सपने
नहीं कर पाया सच,
बेकार हूँ आदमी।
पत्नी की इच्छाएँ
नहीं कर पाया पूरी,
बेकार हूँ आदमी।
मित्रों की अपेक्षाएँ
रह गईं अधूरी,
बेकार हूँ आदमी।
अपनी उम्मीदों पर
नहीं उतरा खरा,
बेकार हूँ आदमी।
निरपेक्ष प्रभु की
सर्वोत्तम कृति क्या,
बेकार हूँ आदमी?

86

न होने का रंग इसका,
न होने का ढंग इसका,
सभी पात्र पर निर्भर है,
पानी जैसा जीवन है।
गरम करो तो उड़ जाए,
शीत करो तो जम जाए,
परिस्थिति पर निर्भर है,
पानी जैसा जीवन है।
इसे बहाओ बह जाए,
रोको तो रुक जाए,
देख कैसा समर्पण है,
पानी जैसा जीवन है।
शीश पर ढालो, ये ढले,
नाली में बहाओ, बहे,
नहीं किसी से अनबन है,
पानी जैसा जीवन है।
दूध में दूध हो जाए,
रस में ये रस हो जाए,
कैसा यह अपनापन है,
पानी जैसा जीवन है।

87

कैसे बनते बादल,
क्यों होती बरसात?
भीगने का आनंद लो,
कौन करे विश्लेषण।
भिन्न-भिन्न फूल क्यों,
अलग है बनावट क्यों?
ख़ुशबू का आनंद लो,
कौन करे विश्लेषण।
गरमी में आम क्यों,
ठंडी में सेब क्यों?
स्वाद का आनंद लो,
कौन करे विश्लेषण।
स्त्रियाँ क्यों, बच्चे क्यों,
अलग सब मनुष्य क्यों?
मिलने का आनंद लो,
कौन करे विश्लेषण।
जन्म क्यों, मृत्यु क्यों,
यह जीवन-चक्र क्यों?
जीने का आनंद लो,
कौन करे विश्लेषण।

88

जब सत्य की राह जाता,
मुझे ग़लत राह सुझाता,
प्रलोभन देता घनघोर,
मन में है एक चोर।
जब दृढ़ संकल्पित होता,
तब विकल्पों में डुबोता,
न सुनो तो मचाता शोर,
मन में है एक चोर।
इष्ट–समक्ष सिर झुकाता,
शिला कह मजाक उड़ाता,
बनता यह सीनाजोर,
मन में है एक चोर।
करता कुछ मैं कहता,
विपरीत सदा यह रहता,
खींचता है अपनी ओर,
मन में है एक चोर।
जब मैं सचेत रहता,
थिर हो यह न बहता,
प्रकाशित जैसे भोर,
मन में है एक चोर।

89

जो फल फूल कर बौराए,
राजा भी आम कहलाए।

90

मानव की मूर्खता को
ताड़ रहा है ताड़,
छाया ढूँढ़ रहा है
काट के सारे झाड़।

91

व्यवहार में फेंक रहे
हृदय के अंधकार,
प्रकाश में पहचान ले,
बस वही समझदार।

92

नदी सागर ढूँढ़ती,
और बारूद आग,
सब जो गाने आए,
गाएँगे वह राग।

93

आँसू सींचने से
अतीत का पौधा,
सूखता तो है नहीं,
सड़ और जाता।

94

सिर पर ढोते रहते,
हम ही नहीं उतारते,
अंतिम संस्कार हेतु
अपने अतीत का शव।

95

जिसकी जितनी दृष्टि है,
उतना लेता तौल,
कह सके न कहे हीरा,
कितना उसका मोल।

96

तन से रहे साथ-साथ,
मन से रहे असंग,
चंदन विष व्याप्त नहीं,
लिपटे रहत भुजंग।

97

रंगीन काग़ज़, चमकीला फ़ीता,
कृत्रिम गंध, भाव और सभ्यता,
सामान है सुंदर पैकिंग का।

98

अमूल्य भी मुफ़्त
देता है निसर्ग,
मुफ़्त का भी मूल्य
लेता है मनुज।

99

जितना हम अतीत में जाते हैं,
उतना वह वर्तमान में आता,
वर्तमान बदल अतीत बनाता।

100

कैंसर और भौतिकता में
आज लगी है होड़,
मनुज और मनुजता में पहले
देगा कौन दम तोड़।

101

अवरोध अनदेखा कर
ठोकर खाता है,
सिर-आँखों पर रखता,
अचल चढ़ जाता है।

102

नज़र इतनी गहरी नहीं है कि
विनष्ट होती जड़ें देख सकें,
कटता तना सबको दिखता है।

103

पत्थर के रास्ते भी ले
जा सकते हैं प्रियजन पास,
गर हृदय न हुआ हो पत्थर।

104

झुककर ही पहाड़
चढ़े जा सकते हैं,
अकड़कर केवल
देखे जा सकते हैं।

105

केवल वस्तु मुद्रा का,
विनिमय न व्यापार,
मनुष्य हो मशीन नहीं,
हो प्रेम–व्यवहार।

106

हमारा आधा आधा नहीं है,
अपने आप में पूरा एक है,
चौथाई, तिहाई भी एक है,
हर टुकड़ा स्वयं में ही एक है,
सृष्टि है एक, इसमें सभी एक।

107

जी रहे दो गज़ ज़मीन के लिए,
या कि पूरे आसमान के लिए,
गर ज़मीन, तो मिट्टी में खोना,
गर गगन, तो उससा रिक्त होना।

108

ओ मील के पत्थर! क्या मंज़िलों की नहीं तुम्हें ख़बर,
जो क़दम सामने से जाते, क्या तुम्हें नहीं लुभाते?
यह धरा गोल, हर रास्ता बस गोल-गोल घुमाता है,
क्या कभी कोई कहीं तृप्ति-ख़ुशी मंज़िल पाता है?
मंज़िल वही, जिसको पाने से मिलती तृप्ति-ख़ुशी है,
मुझे तो अपने में ही ठहरकर यह मंज़िल मिली है।

109

सत्य के कई नाम हैं, आयाम हैं,
सत्य की कई परतें हैं, सतहें हैं,
सत्य के कई किस्से हैं, हिस्से हैं,
सत्य के क्रम, भाग, पहलू, विभाग हैं,
सत्य की कई विमाएँ, पथ, दिशाएँ,
सत्य के अंग, सोपान, कई संज्ञान,
सत्य क्षण के भी हैं, कई शाश्वत हैं,
सत्य मौन, छुपे हैं, कई मुखरित हैं,
सत्य बहते, ठहरे हैं, कई प्रकार,
सत्य निराकार, मध्य, कई आकार,
सत्य अद्वैत, केवल, हैं बहु, अनंत,
सत्य अपराधी, पापी, सज्जन, संत,
सत्य छंद, गंध, रंग, पूर्ण, सगुण हैं,
सत्य चित, आनंद, शून्य, निर्गुण हैं,
तथ्य कई, सत्य अमाप्य, अनगिनत हैं,
तुम सही, तो दूसरे नहीं ग़लत हैं।

110

संख्या में बल
होता तभी है,
जब इकट्ठी हों।

111

मन को तंग करती है—
भूत से अधिक कल्पना,
घटना से ज़्यादा सोच।

112

सुंदर मेकअप मिनटों में हो सकता है,
सुंदर लगने में वर्षों लग सकते हैं।

113

जब नशा चढ़ रहा है, तब तुम मय पी रहे हो,
जब न चढ़े तो मय ने पीना शुरू कर दिया,
नशा हिरण हो, मानो मय ने पूरा पी लिया।

114

मैं शब्द ढूँढ़ता रहा, शब्द माँजता रहा,
अलंकार गढ़ता रहा, छंद बाँधता रहा,
वह आई, आँखों से कविता कर चली गई।

115

अकेलेपन से घबराता हूँ,
क्योंकि अपने से टकराता हूँ।

116

बचाना है वन-जंगल,
बुहारो यह मन-जंगल।

117

साँप और मनुज में यही अंतर है,
हर साँप ज़हरीला नहीं हो सकता।

118

त्रिकोण का भी
चौथा कोण देख ले
देखने वाला।

119

डायनासोर के लुप्त
होने का मिलता नहीं कारण
चूँकि वे ख़ुद थे।
क्या एक दिन मनुष्य भी?

120

सूक्ष्म कोरोना ने
घुटनों पर ला दिया
प्रार्थना के लिए।

121

काटनेवाले को भी छाया देता पादप,
छाया देनेवाले को भी काटता मानव।

122

रुई गुरुत्वाकर्षण से खिंचती,
किंतु बादल उड़ते रहते हैं,
जो प्रेम, परहित से भरे होते,
क्या वे बंधन-मुक्त होते हैं?

123

सभ्यता के हाईवे पर
शून्य खड़ा है मनुष्य,
चारों ओर बस हैं
बाईपास ही बाईपास।

124

मूर्खता है मनुष्य की,
हिम-पर्वत पानी-पानी।

125

वहाँ जा रही है सभ्यता,
जहाँ नहीं तनिक भी पानी,
आँख में, न किसी घाट में।

126

यह कैसा बौनापन है,
जो हर ऊँचाई को बस,
ज़मींदोज़ करना चाहे।

127

कैसे उथले होने में नदियाँ
मनुष्य से पीछे छूट रही हैं।

128

जो जीवन देता उसी को,
मारने की कोशिश में आख़िर
अपनी जान गँवा देता है,
भस्मासुर मनुष्य था कि असुर ?

129

कृत्रिम बुद्धि से लैस होती मशीनें,
और स्वचालित होता हुआ मनुष्य।

130

मुँह में वर्तमान फलों का,
हाथ में भविष्य फूलों का,
पैरों में अतीत जड़ों का,
ख़ून लगा है, जैसे कि वह
स्वयं को ही काट रहा हो।

131

जीवन की अवधि बढ़ रही,
और जीने की अवधि कम।

132

अब वाटरप्रूफ काजल आने लगा है,
यानी रोने से भी कालिख न बहेगी।

133

प्लास्टिक पदार्थ घुलता नहीं,
प्लास्टिक मुसकान, चरित्र भी।

134

सर्प लहूलुहान होने पर
छोड़ देता तुरंत केंचुली,
मनुष्य नहीं, अहं केंचुली।

135

हर गोली दो को मारती,
पहले चलानेवाले को,
बाद में लगनेवाले को।

136

शक्तिशाली,
केवल प्यादा है
शक्तियों का।

137

बरसात वही, जिससे
हृदय भीग जाए,
वरना पानी गिरना
कीचड़ मचना है।

138

हाइवे पर ओवर ब्रिज से,
तीव्र गति से निकल जाता है,
विकास, गाँव में रुकता कहाँ।

139

मनुष्य जड़ हो रहा,
इसलिए जड़ खो रहा,
अथवा जड़ खो रहा,
इसलिए जड़ हो रहा।

140

दर्द देने की चाह
बहुत दर्द देती है।

141

अतिक्रमण कर रहा
मनुष्य जंगल में,
कि जंगल मनुष्य में?

142

'एक इंच भी न देंगे',
कहनेवालों के नीचे से,
कब ज़मीन खिसक जाती,
उनको पता भी नहीं चलता।

143

हिंसा को हिंसा से चूँकि
हम जीत रहे हैं,
हिंसा अंततः जीत रही,
हम हार रहे हैं।

144

दिल पर पत्थर रखकर
पर्वत कर रहे पत्थर-पत्थर,
अथवा पर्वत को पत्थर कर
दिल पर रख रहे पत्थर?

145

किसी भी पेड़ पर
ठोंकी हुई कील,
अंततः मनुष्य के
ताबूत में है।

146

सभ्यता के विकास में
विकसित हुआ सामान,
लालची, जंगली, कामी,
वैसा ही इनसान।

147

कोयल कौए के घोंसले में जाती,
उसके अंडे गिरा अपने रख आती,
कौआ सेता है कूक के अंडों को,
कोयल गाना गाती भूल बच्चों को,
कर्म न देख बोली से धोखा खाए,
कोयल मधुर, कौआ अपशकुन कहाए।

148

क्या ऊपर आँख बाँध बन गए,
इसलिए हृदय नदी सूख गई?

149

मूल्य सबको सीमित करे,
अतः हाट रखे अतृप्त,
अमूल्य, असीमित को सिर्फ़
समान कर पाते तृप्त।

150

अचरज कैसे
दिल की दरार,
बाँट रही है
भगवान्, प्यार।

151

बाहर जिससे लड़ने
अस्त्र-शस्त्र सेना है,
सभ्यता में छिपा
सबके अंदर बैठा है।

152

जब फोन जड़ था,
तब मनुष्य मोबाइल,
अब फोन मोबाइल है,
तो मनुष्य जड़।

153

सब मूक आईना
पसंद करते हैं,
जिससे मनमाफ़िक
प्रतिमा देख सकें।

154

आदमी चाँद पर
कब का उतर चुका,
पर चाँद अभी तक
आदमी में नहीं।

155

हम बाहर थिर समय में चलें,
चले अंदर समय थिर हम में,
हम बाहर समय में थिर हों,
यदि समय अंदर थिर हो हम में।

156

हम किताब
खोलते हैं,
किताब हमें।

157

मोबाइल मनुष्य के कर,
या मनुष्य मोबाइल के?

158

सॉफ्टवेयर, कृत्रिम मन
उन्नतशील है,
और मानव-मन वही-का-वही,
संस्कारित।

159

जब उपयोग में होता,
तब ख़ुद भी साफ़ होता,
रखा रहे, मलिन होता,
साबुन भी और उर भी।

160

न ही धर्म-सभ्यता ख़तरे में,
मनुज की है नित्यता ख़तरे में।
अमल करते पशु से बदतर हैं वे,
मनुज की है भव्यता ख़तरे में।
बनाया मनुज को स्वबिंब में,
है अब प्रभु की दिव्यता ख़तरे में।
छुपा रवि है, तर्क घनघोर हैं,

उजाले की सत्यता ख़तरे में।
हवाएँ हैं उड़ती अफ़वाह की,
बचा लो! मनुष्यता ख़तरे में।

161

ज़र लेकर ज़मीर बेच रहे हैं,
काग़ज़ ले कबीर बेच रहे हैं।
कैसा ख़ून सबके मुँह को लगा है,
ईंगुर औ' अबीर बेच रहे हैं।
थोड़े हर्फ़ आ गए क्या हमको,
ग़ालिब और मीर बेच रहे हैं।
अपने कुछ खरीदने छोटे सुख,
पर को भारी पीर बेच रहे हैं।
हम आँचल का दूध बेच रहे हैं,
आँखों का भी नीर बेच रहे हैं।

162

घटना देख तुरत मन घोड़ा मत खोलो,
हिलते पलड़ों में अनुमान ना तौलो,
काँटे जैसा दोनों ओर पहले डोलो,
फिर थिर होकर अपना निर्णय बोलो।

163

जीवन में दो तरह की परिस्थितियाँ आतीं,
धैर्य सिखलाती हैं या कर्म को उकसातीं,
कोशिश करके कुछ कर न सको, धीरज रखना,
कुछ कर सको तो श्रम में न आलस्य करना,
जीवन में जो चिड़चिड़, बेचैनी, घर्षण है,
पहचानी न कर्म किया, न किया समर्पण है।

164

क्या पता कौन हारेगा, कौन जीतेगा,
कौन जाने अगले पल क्या बीतेगा!
अनिश्चितता व जुझारूपन के मेल में,
इसलिए आनंद आता खेल में।
अनिश्चितता इसमें भी नहीं है कम,
तुम जीने में भी लगा दो पूरा दम।

165

अर्जुन घूमती मछली की भेद पाया था आँख,
क्योंकि स्थिर था उसका चित्त, धनुष, आँख और हाथ।
कई थिर आँख, कर व धनु से न कर पाए संधान,
क्योंकि उनका डोलता है चित्त, भटकता है ध्यान।
थिर चित्त धनुष, आँख और हाथ स्थिर कर देता है,
और चल लक्ष्य को भी सरलता से धर लेता है।

166

तुम्हारे और परिस्थितियों के मेल में,
अस्तित्व जब जुड़ जाता है इस खेल में।
ज्यों बीज, मिट्टी और मौसम मिलता है,
तभी विपिन में सफलता-सुमन खिलता है।
सफलता में फूलकर कुप्पा न होना,
असफलता नहीं तुम्हारा असफल होना।

167

पतंग तोड़ दो स्वयं की डोर,
उड़ जाओ पा लो गगन का छोर।
मूल से, केंद्र से छूटने पर।
तनु सहारे बंधन टूटने पर,
कोई कहीं भी न पहुँच पाता,
उड़ता कहाँ, भटककर गिर जाता।

168

बीज को अगर न मिले उचित भूमि,
फिर न खिल पाए उसकी क्या कमी ?
बीज कुंठित हो न छोड़ना आस,
खिलने, भू ढूँढ़ने का हो प्रयास।
उड़ना हवा में, बहना जल संग,
लगना खग, पशु, सरीसृप के अंग।
श्रम बाद न खिले तो दुःख न होगा,
स्वयं समक्ष कभी नत मुख न होगा।

169

बादल तुम काले थे, शुभ्र कैसे हुए?
भरे तो काले थे, बरसे तो शुभ्र हुए।
पानी तुम दूषित थे, निर्मल कैसे हुए?
रुके तो दूषित थे, बहे तो निर्मल हुए।
बीज तुम छोटे थे, बड़े कैसे हुए?
सिमटे तो छोटे थे, फैले तो बड़े हुए।
फूल तुम निर्वास थे, सवास कैसे हुए?
बंद तो निर्वास थे, खुले तो सवास हुए।
मनुष्य तुम पशु थे, देवता कैसे हुए?
ख़ुदी में पशु थे, बेख़ुदी में देवता हुए।

170

मैं प्रातःकाल जब प्रकृति में सैर को जाता हूँ,
यह मुझे पता नहीं, जाने कहाँ खो जाता हूँ?
उड़ते बाल पवन में, ये मस्तक खोता गगन में,
माथा बादल बनता, चेहरा खोता किरण में।
पंजे धरा बन जाते, घुटने-जाँघ चट्टानी,
पेट-पीठ तना हो जाते, उँगली पत्ते, बाँह टहनी।
नज़र क्षितिज में गुम, अंतरिक्ष ध्वनि कर्ण से सम,
सभी समाता मुझमें या सब में होता हूँ गुम।
सुबह सैर को जाता हूँ, प्रकृति बन जाता हूँ,
तन गायब हो जाता, स्व महसूस कर पाता हूँ।

171

अब लड़ने की भाषा छोड़ो।
इन चुनौतियों से क्या लड़ना?
विकसित होकर उन्हें हल करो।
जगत् व समाज से क्या लड़ना?
शांत रह के वार निष्फल करो।
ख़ुद को ख़ुद से ही क्या लड़ना?
स्वीकार ख़ुद को हर पल करो।
रिश्तेदारों से क्या लड़ना?
दूर हो उनसे या कल करो।
कानून नीति से क्या लड़ना?
सब पालन करो मत छल करो।
हद पर देशों से क्या लड़ना?
बेसरहद जग की पहल करो।
अब लड़ने की भाषा छोड़ो,
पशु नहीं, मनुज सा अमल करो।

172

छोटे फूल देखकर न होना हताश,
ज़िंदगी में लाते हैं वे उतनी ही सुवास।
छोटी खिड़की देखकर न होना उदास,
थोड़ी सी ही किरणों में हो जाता प्रकाश।
छोटी ख़ुशियाँ देखकर न छोड़ना आस,
यह तुम पर निर्भर है कितनी रचाते रास।
छोटे अवसर देखकर न छोड़ना प्रयास,
छोटी उड़ान में भी खग पाता आकाश।
छोटा स्रोत देखकर न होना निराश,
थोड़े से ही जल से मिट जाती है प्यास।

173

मैं जब भी होता उदास,
कोई घटना दे त्रास,
अशांत, चिंतित होता जब,
प्रकृति में जाता हूँ तब,
आसमान की छाँव तले,
पेड़ों से लगकर गले,
मैं धरती की गोद में,
बैठ जाता हूँ सोच में,
हवा मुझे सहलाती,
धूप चाँदनी गुदगुदाती,
फूल उड़ेलते सुगंध,
इंद्रधनुष लगाता रंग,
मेघ दिखाते हैं नाच,
पानी बजाता है साज,
पशु–पक्षी आते पास,
हँसाने का करें प्रयास,
सभी साथ गुनगुनाते,
मुझको प्रसन्न कर जाते।

174

बात-ही-बात में तुम उबल जाते हो,
पात्र से जल्दी बाहर निकल जाते हो,
देखो तुम लोगों के आईने में कभी,
रंग गिरगिट सा कैसे बदल जाते हो।
कैसे सबको पता ये चलेगा नहीं,
देखकर उसको तुम जो सँभल जाते हो।
कोई तुमको नहीं खींचता है कभी,
अपनी माया पर ख़ुद ही फिसल जाते हो।
बनते ही जब ये ढह जाते हैं, फिर क्यों।
तुम ताश के बनाए महल जाते हो?

175

हँस के तू टाल दे,
ध्यान ना ढाल दे।
आँसू को देख तू,
झट से रूमाल दे।
गिरते को थाम ले,
ख़ुद को सम्हाल दे,
टाँगने इक घड़ी,
घर में दीवार दे।
दिव्य ऊपर उठे,
दैत्य पाताल दे।

176

चल तू माफ़ कर,
दिल को साफ़ कर।
देख मूढ़ता,
धुन न ऑफ कर।
जीना कर डबल,
चाह हाफ कर।
विधि पर कर यकीन,
ग़म ग़िलाफ़ कर।
रब बिछौना हो,
रब लिहाफ़ कर।

177

संकट से तू हार कर,
क्यों बैठा मन मार कर!
जब उलटा पहिया चले,
तू बुद्धि में धार कर।
रुक शांति से बैठ जा,
उतरे नदी पार कर।
दर्पण में लख तो कभी,
ख़ुद से नयन चार कर।
दुश्मन को तू ख़त्म कर,
अपना उसे यार कर।

178

सबको मुसकराते देख झल्लाकर,
मैंने फूलों से पूछा चिल्लाकर,
बाग़ में कुछ मध्य, कुछ किनारे पड़े हो,
अकेले कुछ काँटों में खड़े हो,
कुछ छोटे हो, मँझोले हो, बड़े हो,
कुछ मुरझाए, अधखिले, कुछ खिले हो,
हो श्वेत, गुलाबी या कई रंग में,
हो विभिन्न आकार, विभिन्न ढंग में,
कुछ यहाँ के, कुछ दूर से आए हो,
फिर भी सारे कैसे मुसकाए हो?
सुन फूल बोले—प्रयास है खिलना,
नहीं कभी किसी से करते हैं तुलना।

179

धर्म-वर्ण, देश-भाषा,
नहीं फँसें इन जाल,
समूह सदैव नभ उड़ें,
पंछी हरेक काल।

180

जल्दी ज़्यादा पानी देने से,
बीज जल्दी ज़्यादा नहीं बढ़ता,
वैयक्तिक विकास रेखा सबकी,
जल्दी ज़्यादा में गलता-सड़ता।

181

पुष्प की न तो कोई अभिलाषा,
न ही है कोई शक्ति,
यह तो हाथों पर निर्भर करता है
कि उसे कहाँ अर्पित करें,
मूर्ति, मृगनयनी या मुर्दा पर।
हाथ भी वहीं जाते हैं,
जहाँ मन जाता है,
विचारों, वासनाओं या वादों में।
और मन भी वहीं भागता है,
जहाँ हृदय बहता है,
मिट्टी, महासागर या मेघ में।
दिशा बदल सकती है,
हृदय, मन और हाथ की,
और उससे नियति बदल जाती है पुष्प की।
जीवन भी एक पुष्प है,
सही दिशा सही नियति।

182

इच्छा उठाए,
सपने दिखाए,
सत्य से अनजान,
किताबी ज्ञान।
झूठ भरमाए,
अहम् जगाए,
बढ़ाए झूठी शान,
किताबी ज्ञान।
स्मृतियाँ जगाए,
कल्पना सजाए,
अनुभव से अज्ञान,
किताबी ज्ञान।
वासना उठाए,
स्वयं को भुलाए,
करता परेशान,
किताबी ज्ञान।
न कुछ हाथ आए,
खाली ही जाए,
अंत में श्मशान,
किताबी ज्ञान।

183

दीपक की लौ सिमटी तो
दीपक प्रकाशित हो गया,
यों सबको देता था प्रकाश
और ख़ुद अँधेरे में था।

शब्द शून्य में उतरा तो
शब्द सुभाषित हो गया,
यों सबको देता था अर्थ
और ख़ुद से अनभिज्ञ था।

मेरी दृष्टि पलटी तो
मैं आभासित हो गया,
यों सब अनुभव में था
और ख़ुद से अंजान था।

184

क्या माँगी थी ज़िंदगी,
फिर भी तुम्हें मिली,
धन्यवाद तो दूर,
तुम करते हो शिकायत।

बिना माँगे जो मिला,
हिसाब उसका न रखा,
इच्छित चीज न मिली,
तुम करते हो शिकायत।

आईं छोटी ख़ुशियाँ,
नहीं मनाईं ख़ुशियाँ,
वृहद् के इंतज़ार में,
तुम करते हो शिकायत।

अवसर किए बरबाद,
गुलशन नहीं आबाद,
असफलता छुपाने के लिए
तुम करते हो शिकायत।

185

जब मैं अपनी जिम्मेदारी लेता हूँ,
तब मैं पर से मुक्त हो जाता हूँ,
पर यानी पर–मनुष्य, परिस्थिति, परमात्मा।

186

रखना न इसे हाथ में,
आदर्श है अंगार,
जब राह लगे अंधकार,
रोशनी ले उधार।

187

मन बच्चा गोदी छोड़,
देखे सबकी ओर,
अपनी ओर करने बस,
खींचो प्रेम की डोर।

188

राह में अंधकार हो, मन में भ्रांति,
रुकना आँखें खोलकर, रखना शांति,
अभ्यस्त होने में समय लगता है,
कुछ क्षण में ही सब दिखने लगता है।

189

तुम डाकू बनो या बनो साधो,
हर पल तुम्हारे साथ है माधो,
जो थे, जो हो, जो होओगे तुम,
चुनाव तुम्हारा, जिम्मेवार तुम,
प्रभु विपरीत गीत नहीं गाता,
वह सबके सुर में है सुर मिलाता।

190

जिस कर्म के होंगे कड़वे फल,
बोओगे क्या सींचोगे जल?
परिणाम पर कुछ विचार करना,
समय भूमि में तब बीज धरना।

191

कुत्ते का कुत्तापन है वफादारी,
मनुज की मनुजता कुत्ता है गाली।

192

जड़ को भूलकर फूल को सहेजना,
होगा एक दिन ऐसा तुम देखना,
ये सभी कलियाँ तो कुम्हलाएँगी,
सारी जड़ें भी कुम्हला जाएँगी,
अपने हाथ मलोगे–पछताओगे,
फिर नया पौधा कहाँ से लाओगे?
असंख्य में से बस मनुज ही न होगा,
लीला चलेगी उत्सव ना रुकेगा।

193

तट अनुशासन नियम न हों यदि,
कितनी दूर जाएगी नदी?
विराट् तक न पहुँच पाएगी,
बीच में ही सूख जाएगी।
बाँध अपने को अभ्यास से,
या समझ प्रतिभा बैराग से,
मन में रखना सागर की सुधि,
तू पा जाएगा असीम निधि।

194

एक जूता कर लेता है तय,
कितनी राहें, कितनी मंज़िलें,
क्या उसको नहीं चुभते काँटे,
क्या आती न उस पर मुश्किलें?
आती मुश्किलें, छिदते काँटे,
किंतु क़दम पर बस देता ध्यान,
एक धुन है यात्रा मंज़िल की,
दिग्भ्रमित होने कहाँ हैं कान?

195

लंबा तो छाया नहीं,
छाया है तो घना नहीं,
घना यदि है तो फल नहीं,
फल है तो मीठा नहीं,
मीठा तो सदा नहीं,
सदाबहार तो भूमि नहीं,
कोई तरु नहीं है पूरा,
कुछ न कुछ है अधूरा,
अधूरेपन से न बँधना,
इसे हँस स्वीकारना।

196

टूटे खिलौने को लेकर हाथ में,
लगातार आँसुओं की बरसात में,
बच्चे ने दिखलाकर प्रकट किया दुःख,
जैसे उसका संसार गया हो चुक।
पिता बोले हर वय के खिलौने हैं,
ये टूटने हैं या कभी खोने हैं,
टूटें, खोएँ तो इंतज़ार करना,
उनके लिए अपनी आँख न भरना,
पुराने जब टूटते, खो जाते हैं,
तब ही तो नए खिलौने आते हैं।

197

तुम उतना ही ख़ुश हो,
जितना तुम हो रहे हो,
तुम उतना ही दुःखी हो,
जितना तुम हो रहे हो,
तुम उतना ही क्रोधित हो,
जितना तुम हो रहे हो,
तुम उतना ही शांत हो,
जितना तुम हो रहे हो,
तुम उतना ही जीवंत हो,
जितना तुम हो रहे हो।

198

बदला अनंत है
तो प्रेम भी।
द्वेष अनंत है
तो क्षमा भी।
उत्तेजना अनंत है
तो शांति भी।
संहार अनंत है
तो सृजन भी।
वासना अनंत है
तो संतोष भी।
रास्ते दो हैं,
ऊर्जा, चुनाव एक।

199

पेड़ से गिरे हुए पके फल,
उत्सव है बाँटने का।
गौओं के थन में अतिरिक्त पय,
उत्सव है बाँटने का।
नदियों का उर्वरक मृदा फैलाना,
उत्सव है बाँटने का।
फूलों का सुगंध बिखराना,
उत्सव है बाँटने का।
प्रकृति को इंतज़ार है,
मनुष्य के सम्मिलित होने का।

200

बाग़ में—
फूल, काँटे, रंग, पौधे, लकड़ी,
तुम्हें क्या दिखता है ?
समुद्र में—
पानी, मछली, नाव, कचरा, मोती,
तुम्हें क्या दिखता है ?
आदमी में—
रंग, लिंग, वेश, भाषा, धर्म,
तुम्हें क्या दिखता है ?
कर्म में—
बुरा, ग़लत, ठीक, सही, अच्छा,
तुम्हें क्या दिखता है ?
सब में—
रब, ईश, परम, प्रभु, पिता,
तुम्हें क्या दिखता है ?
जो तुम्हें दिख रहा है,
वह दूसरे की नहीं,
तुम्हारी ख़बर देता है।

201

प्रेम के लिए,
गपशप के लिए,
हँसने के लिए,
रोने के लिए,
तारीफ के लिए,
परनिंदा के लिए,
साथ चाहिए।
चिंतन के लिए,
मंथन के लिए,
सृजन के लिए,
पहेली के लिए,
प्रार्थना के लिए,
स्व संग के लिए,
एकांत चाहिए।
ज़िंदगी में कभी साथ,
कभी एकांत चाहिए।

202

ऊँचाई से डरता था,
चार मंज़िला मकान मिला,
एकांत से डरता था,
वर्षों अकेले रहना पड़ा,
अँधेरे से डरता था,
मजबूरन अँधेरे में गया,
धोखे से डरता था,
धोखे का शिकार हुआ,
कानून से डरता था,
कानून से दो-चार हुआ,
दुर्घटना से डरता था,
हर पल मरकर जिया,
जिस-जिस से डरता था,
वह बार-बार हुआ,
जब डर से नहीं डरा,
कहाँ डर काफ़ूर हुआ।

203

काँटों से रहोगे दूर,
फूल भी न पाओगे,
श्रम से न होगे चूर,
नींद में न जाओगे,
पंक से भागोगे दूर,
पंकज कैसे खिलाओगे?
पराजय से डरोगे,
फिर जीत क्या पाओगे?
डोरी पीछे न जाएगी,
क्या तीर आगे जाएगा?
मूल नीचे न जाएगी,
तरु ऊपर कैसे आएगा?
प्रकृति में खोजो विपरीत,
हाथ विपरीत उलटा आएगा,
फिर कैसे हुआ विपरीत?
यह तो पूरक कहलाएगा।

204

सुखों के बीच दुःख,
या दुःखों के बीच सुख,
भोगना तुम पर निर्भर है।

रातों के बीच दिन,
या दिनों के बीच रात,
देखना तुम पर निर्भर है।

ज्वारों के बीच भाटा,
या भाटों के बीच ज्वार,
होना तुम पर निर्भर है।

पतझड़ों के बीच बहार,
या बहारों के बीच पतझड़,
नाचना तुम पर निर्भर है।

जन्मों के बीच मृत्यु,
या मृत्यु के बीच जन्म,
जीना तुम पर निर्भर है।

205

रास्ते हैं, मंज़िल नहीं है,
अनंत पथ पर चलते जाना,
सिखलाती है कुनकुनी धूप।

सारी रात सपन जो देखे,
उठो उन्हें साकार करो,
सुबह जगाती है कुनकुनी धूप।

पत्थर, पौधे, पशु, पक्षी,
मनुज, मछली सबको समान,
जगमगाती है कुनकुनी धूप।

हों अगर उदास-उनींदे,
जीवन रंग फीके-फीके,
उमंग भर जाती है कुनकुनी धूप।

व्यर्थ रे वह दिन हुआ,
जिस दिन नहीं वह गीत सुना,
जो दिल पर गाती है कुनकुनी धूप।

206

आँख मलते सपने,
उड़ने लगते अरमान,
दौड़ने लगती इच्छाएँ,
जब होती है सुबह।

प्रगट होता शून्य,
खुलने लगता रहस्य,
हो शुरू अज्ञात यात्रा,
जब होती है सुबह।

प्रकृति रचती नाट्य,
अस्तित्व करता हास्य,
हम बन जाते पात्र,
जब होती है सुबह।

मैं ख़ुश हो जाता,
उम्मीद से भर जाता,
कृतज्ञता में झुक जाता,
जब होती है सुबह।

207

नेकी से बदी जुड़ी,
छाँव के साथ धूप,
हर पन्ने के दो पृष्ठ,
ज़िंदगी की परीक्षा में।
कभी दिन, कभी रात,
कभी जीत, कभी मात,
नई–नई परिस्थितियाँ हैं,
ज़िंदगी की परीक्षा में।
अनजान दे दे हाथ,
मित्र छोड़ दे साथ,
नए–नए पाठ हैं,
ज़िंदगी की परीक्षा में।
कोश के पहले धूल है,
फूल के पहले शूल है,
हर क्षण चुनौती है,
ज़िंदगी की परीक्षा में।
मुँह मोड़ा भटक गए,
नहीं सीखा अटक गए,
हर सबक़ ज़रूरी है,
ज़िंदगी की परीक्षा में।

208

माँगा जो कुछ,
मिलेगा सबकुछ,
थोड़ा इंतज़ार कर।

हो गई रात,
होगी भी भोर,
थोड़ा इंतज़ार कर।

बो दिया बीज,
होंगे फल-फूल,
थोड़ा इंतज़ार कर।

किए जो कर्म,
आएँगे लौट,
थोड़ा इंतज़ार कर।

आते सुख-दुःख,
बीत जाते पर,
थोड़ा इंतज़ार कर।

209

कितना लंबा-घना हो तम,
आख़िर हो जाता है ख़त्म,
मत होने दो धीरज कम,
लो फिर हो गई है सुबह।

मत रो टूटे ख़्वाबों पर,
ऊपर ज़रा उठाओ नज़र,
देने तुमको पुनः अवसर,
लो फिर हो गई है सुबह।

चलो उठो अब इतना करो,
अपने ये हालात बदलो,
कर्म से अपना भाग्य रचो,
लो फिर हो गई है सुबह।

स्वप्नमग्न को जगाने को,
रूठे को फिर मनाने को,
सबसे मिलने-मिलाने को,
लो फिर हो गई है सुबह।

210

दिन में सूरज दे रोशनी,
रात में चंदा-तारे हैं,
बेनूरी का मत रोना रो,
आँख खोल और देख ज़रा।

वसुधा पर हरियाली है,
इंद्रधनुष आकाश में,
बेरंगी का मत रोना रो,
आँख खोल और देख ज़रा।

मिट्टी-पानी-हवा बहुत,
जितनी चाहे फसल उगा,
बेबसी का मत रोना रो,
आँख खोल और देख ज़रा।

प्रेम-गीत गाते हैं पक्षी,
हौले से छू जाए हवा,
बेरुख़ी का मत रोना रो,
आँख खोल और देख ज़रा।

211

क्यों मैं दुनिया में आया और मुझे जाना कहाँ?
कौन खोजे, कौन सोचे, मौज कर आनंद मना।
पेड़-पौधे, फूल-पत्ते, किससे पूछा—कब कहाँ?
ये मस्ती में हैं झूमते, हवाओं का रुख़ जहाँ।
झील-झरने, नद-नहरें, प्रश्न में उलझे कब बता?
मौज तरंग उठाते सभी, सागर मिले कब पता।
गौरैया-हंस, मोर-तोता, शब्दों में रुकें क्या,
माधुर्य स्वर ही बोलते, नृत्य-गायन चलता सदा।
गाय-कुत्ता, सूअर-घोड़ा, सोचते देखा है क्या?
मनाते जीवन अभी यहीं, जैसा मिला जी लिया।
पूछो चट्टान से जाकर, ख़यालों में गुम हो क्या?
अंतर-आनंद में डूबा, अंतर-कुसुम है खिला।
एक ही उलझा है इनमें, उत्तर पाया है क्या?
चाहे महसूस कर ले, अभी इस पल में डूब जा।

212

मैंने पूछा फूल से,
ज़िंदगी कैसे जिए?
ज़मीन से रस लिये,
शून्य को सुरभि दिए।
मैंने पूछा पेड़ से,
ज़िंदगी कैसे जिए?
भू से पोषण लिये,
जहान को फल दिए।
मैंने पूछा मेघ से,
ज़िंदगी कैसे जिए?
सागर से जल लिये,
सूखे में बरसा दिए।
मैंने पूछा दीप से,
ज़िंदगी कैसे जिए?
घी-बाती से लिये,
जग को रोशन किए।
मैंने पूछा मनुज से,
ज़िंदगी कैसे जिए?
सिर्फ़ लिये ही लिये,
काटी है, क्या जिए?

213

बाहर मूर्तियाँ आदर्श हैं,
अंदर आदर्श मूर्तियाँ हैं,
पीसें मन चक्की के दो पाट,
रहे घर के, न पाए घाट।

214

मन को अपने
अविश्वासों पर
बहुत विश्वास है।

215

क्या मनुष्य केवल
धरती का तेल
निकालने के लिए है ?

216

खाते हैं फल,
जितने लोग साथ,
उतने ही गुणा,
अधिक हो मिठास।

217

इस ग्रह के निवासियों से
क्या सुसंवाद सीख गए,
दूर ग्रहों के वासियों से
जो स्थापित करने चले।

218

मैं जवाब हूँ
कौन से सवाल का,
हूँ तलाशता।

219

एक ही छाया है,
जिसकी परछाईं है,
अंदर छाँह जिसकी,
बाहर परछाईं है।

220

पेड़ ऊँचा उठता है
तो डालियों की बाँहें
जड़ की ओर फैलाता है।

221

पंछियों के लिए पानी रखा,
गरमियों में तो विश्वास जगा,
फिर बारिश में तो प्रेम उमड़ा।

222

भविष्य में दौड़ेंगी
पानी से गाड़ियाँ,
पर होगा पानी
पाँच सौ रुपए लीटर।

223

जब पहाड़ों के अंदर
कुछ टूटता है,
तब ही पहाड़ों से
टूटती हैं चट्टानें।

224

जब तक काम ना,
तब तक कामना।

225

संसार मेरे भीतर,
संसार के भीतर मैं।
विचार मेरे भीतर,
विचार के भीतर मैं।
हवा मेरे भीतर,
हवा के भीतर मैं।
आकाश मेरे भीतर,
आकाश के भीतर मैं।
परमात्मा मेरे भीतर,
परमात्मा के भीतर मैं।

□□□